EL ESCUDERO DE DIOS

Cómo servir a los líderes de Dios

TERRY NANCE

Unilit

Sepa

Disponible en inglés en Access Sales International (ASI)
2448 E. 81st Street, Ste. 4705, Tulsa, OK 74137 U.S.A

Publicado por
Editorial Unilit
Miami, Fl. 33172
Derechos reservados

Primera edición 1998

© 1990 por Terry Nance
Originalmente publicado en inglés con el título:
God's Armorbearer por Harrison House, Inc.
Tulsa, Oklahoma

Traducido al español por: Nellyda Pablovsky

Citas bíblicas tomadas de la Santa Biblia, revisión 1960
© Sociedades Bíblicas Unidas.
Usada con permiso.

Producto 495025
ISBN 0-7899-0459-4
Printed in the United States of America
Impreso en Estados Unidos de América

Dedicación

Este libro es amorosamente dedicado a
mi mamá, Jean Nance,
una mujer de Dios, de amor, oración y fidelidad.

Un agradecimiento especial para
Mike Camacho
por el material que me facilitó
del estudio de la palabra *escudero*

Contenido

Prefacio

El siervo mimado desde la niñez por su amo, a la postre será su heredero (Proverbios 29:21).

Esta porción de las Escrituras describe, exactamente, la relación espiritual entre Terry Nance y yo.

A medida que Terry se entregaba a Dios para realizar su llamado, el misterio de un verdadero escudero comenzó a hacerse evidente y a florecer.

Este libro debería ser recomendado a cada pastor y a cada asociado en el cuerpo de Cristo. Debe ser usado como libro de texto en cada colegio bíblico y universidad.

Si permitimos que el carácter de Cristo se desarrolle en cada uno de nosotros y nos servimos unos a otros, llegaremos a la unidad de la fe, y del conocimiento del Hijo de Dios, a un hombre perfecto, a la medida de la estatura de la plenitud de Cristo.

Happy Caldwell
Iglesia Ágape
Little Rock, Arkansas
E.E.U.U.

1

La revelación de un escudero

Una noche en 1982, sentí grandes deseos de estar a solas con el Señor. Me dirigí a la sala y comencé a orar. Súbitamente sentí en mi espíritu que debía leer la historia de David y Saúl. Yo sabía que el Señor me iba a revelar algo.

Al comenzar a leer llegué a I Samuel 16:21:

> *Y viniendo David a Saúl, estuvo delante de él;*
> *y él le amó mucho, le hizo un paje de armas.*

De repente el Señor iluminó la palabra *paje de armas* o *escudero* en mi espíritu. Él me dijo: "Te he llamado a ser el *escudero* del Pastor Caldwell".

¿Qué hace un escudero? En los tiempos del Antiguo Testamento, el escudero era el responsable de llevar el escudo de su amo en medio de la batalla. Él tenía la gran responsabilidad de velar por la seguridad del oficial.

En ese momento de mi vida, Dios estaba poniendo mis prioridades en orden. Es mi oración que, al leer este libro, Él haga lo mismo en ti.

El espíritu de un escudero

Vivimos en un mundo que sabe muy poco acerca de dar su vida por otros. Es de vital importancia que el cristiano tenga completo entendimiento de este concepto, especialmente si sabe que ha sido llamado al ministerio.

En vez de ofrecernos al servicio de los demás, nosotros en la Iglesia esperamos que otros nos sirvan. En particular esta es la postura que tomamos hacia el hombre o la mujer de Dios.

Tú y yo nunca podemos movernos en una unción como la de Eliseo hasta que no hayamos aprendido a servir a un Elías. Jesús dijo:

Nadie tiene mayor amor que este, que uno ponga su vida por sus amigos.

Juan 15:13

No es difícil decir que estamos sujetos a Jesús, pero la pregunta es: ¿estamos sujetos a otro ser humano? Ahí la historia cambia.

Un día le pregunté a Dios: "¿Qué pasará con mis sueños y mis deseos?" Él me dijo que se los entregara a Él y que me dedicara a realizar los deseos y visiones de mi pastor, asegurándome que si lo hacía, Él se encargaría de que mis sueños y deseos fueran realizados. Él me recordó que eso fue exactamente lo que hizo Jesús. Él cedió Su propia voluntad y deseos para hacer la voluntad del Padre en Su vida. A su vez, el Padre se aseguró de que los sueños y visiones de Jesús fueran realizados.

El propósito de este libro es darte una revelación *del espíritu de un escudero* en tu relación con el hombre o la mujer de Dios en tu vida.

La necesidad de un escudero

Mi pastor entiende mi llamado y la unción de Dios en mi vida, y es su deseo verlos realizados. Por otra parte, yo entiendo mi deber, dado por Dios, de apoyar a mi pastor y ayudarlo a realizar la visión que Dios nos ha dado, y someterme completamente a Él.

Hay un gran temor hoy en día entre muchos pastores de que sus asociados están tratando de robarles las ovejas. Como resultado, hay poca confianza entre el pastor y su asistente, no hay acuerdo entre ellos. Yo creo que Dios tiene a alguien preparado para cada pastor (y otros dentro de los cinco ministerios), alguien que apoye al pastor en el ministerio.

Yo veo grandes ministerios que son levantados alrededor de una persona. ¿Qué sucederá cuando esa persona se vaya? El saber que las ovejas no pueden funcionar cuando el pastor sale de viajes, no dice mucho a favor del pastor, o de cualquier hombre de Dios. Las ovejas deben poner sus ojos en Jesús, no en el pastor. Y debe haber hombres capaces de llevar el ministerio cuando el pastor se ausenta.

¿Dónde estaríamos hoy si Jesús no hubiera puesto una porción de sí mismo en los doce discípulos? ¿Qué hubiera pasado si, en el día que Él ascendió al Padre, nadie lo hubiera visto irse y que luego se encargara de Su ministerio en la tierra?

Yo le hago esta pregunta de suma importancia a cada pastor o líder espiritual: ¿Si tú fueras sacado de la escena hoy, dónde estaría tu ministerio mañana? Muchos tendrían que admitir que el ministerio sufriría. El ministerio de Jesús creció y se multiplicó. Eso fue porque había escuderos apoyándolo.

Definición de la palabra *escudero*

La palabra *escudero* aparece dieciocho veces en la concordancia de Strong. Todas las referencias son del Antiguo Testamento. Cada una tiene dos números de referencia, indicando que la palabra fue traducida originalmente de *dos* palabras hebreas.

Antes de dar comienzo al estudio de las escrituras donde aparece esta palabra, vamos a considerar su significado original, el cual debe quedar firmemente establecido si el verdadero significado del término ha de ser comprendido de lleno.

Como habrás notado, la palabra escudero fue traducida de dos palabras hebreas. La primera es "nasa" o "nacah". Esta es una palabra primaria cuyo significado primitivo es "levantar". Tiene una gran variedad de aplicaciones, tanto figurativas como literales. Algunas de las aplicaciones más interesantes son: aceptar, avanzar/adelantar, tolerar, sobrellevar, llevarse, lanzar, desear, suministrar, promover, dar, ayudar, levantar en alto, elevar, perdonar, subir, estimar, respetar, avivar, ceder.

La segunda palabra hebrea es "keliy", de la raíz "kalah", que significa "poner fin". Algunas de las aplicaciones de esta palabra raíz son: completar, consumir, destruir totalmente, terminar, acabar, obtener por completo, arrasar por completo.

De estas dos palabras hebreas, podemos ver que el deber del escudero era estar al lado de su líder para asistirlo, ponerlo en alto, y protegerlo de cualquier enemigo que le pudiera atacar.

Desarrollando el espíritu de un escudero

Mi propósito al escribir este libro no es para jactarme de cuán humilde soy por servir a mi pastor, sino para ayudar a poner fin a la división en el cuerpo de Cristo. Como todos los que leen este libro, yo también tengo que luchar contra la tentación de involucrarme en contiendas, y rehusar a someter ciertas áreas de mi vida. Pero el Señor me ha dado gracia, y he aprendido a llamarlo a Él y a confiar completamente en que Él dirigirá mis pasos.

Tú también puedes ser liberado de la rebeldía y las contiendas, cuando desarrolles el espíritu de un escudero.

Aunque este libro es escrito desde el punto de vista y posición de un ministro asociado, por favor no pienses que no se puede aplicar a ti. Ayudará a cualquiera que sea parte del cuerpo de Cristo y que desea realizar su llamado divino. A la persona que ministra en algunos de los cinco ministerios mencionados en I Corintios 12, le diré: "Nunca llegarás a un lugar donde no tengas que someterte a alguien. El espíritu de un escudero es el espíritu de Cristo. Es el corazón de un servidor".

Ahora veamos la función de un escudero.

2

La función de un escudero

Al examinar la función de un escudero, quiero que permitas que el Espíritu Santo toque tu corazón y te revele dónde has fallado con tus líderes espirituales. Toma la decisión seria de librarte de cualquier indicio de rebeldía, contienda, competencia, y rencor; decidiéndote a ocupar fielmente tu lugar en el cuerpo de Cristo.

La función principal de uno que ha sido designado como escudero, es de servicio, debe ayudar a asistir a otro. Veamos las diferentes formas que toma este servicio.

Los deberes de un escudero

Un escudero...

1. Debe fortalecer a su líder

Sólo por su presencia, un verdadero escudero siempre demostrará y producirá una actitud de fe y paz.

Si vas a tener éxito en tu servicio como escudero para tu pastor, él debe percibir el gozo y la victoria como parte integral de tu vida. Eso solo le ministrará. Es de gran alivio para el pastor saber que no tiene que sostener a su asistente física, mental y espiritualmente. Muchas veces he visto pastores agotados física y emocionalmente porque su asociado siempre necesita algo. Tu pastor tiene suficientes ovejas que atender; él no necesita otra. Tú debes estar asistiéndole, proveyéndole descanso mental y corporal al demostrarle que tu fe es fuerte y activa.

2. Debe tener un hondo sentido de respeto hacia su líder, y aceptación y tolerancia a la personalidad del líder y su forma de hacer las cosas.

Dios nos hizo a todos diferentes. Por lo menos cincuenta por ciento del tiempo, la forma en que tu pastor hace las cosas va a ser diferente a como las harías tú. Esa diferencia no debe causar problemas entre tu líder espiritual y tú.

Varios años atrás, aprendí un secreto que me ha ayudado a estar en armonía con mi pastor. Llegué a la conclusión de que si el resultado del plan de mi pastor es edificar y extender el reino de Dios y ganar almas, entonces estoy dispuesto a seguir ese plan. Aunque nuestros métodos sean diferentes, nuestra meta es la misma. Porque ¿qué importancia tiene cuáles métodos sean usados, siempre que la meta sea alcanzada?

Si adoptas esa actitud hacia tu pastor, habrá unión entre los dos. Él sabrá que no estás ahí para llevarle la contraria o para retar sus decisiones, sino para trabajar con él y para ayudarlo a alcanzar sus objetivos divinos.

3. Debe entender los pensamientos de su líder, instintivamente.

Me parece escuchar lo que estás pensando ahora: "Mi pastor y yo no pensamos igual". Eso es cierto; no hay dos personas que piensen igual. Y ese es uno de los problemas que enfrentaremos al ser el escudero de otro.

En vez de quejarte de las diferencias, comienza a concentrarte y a confesar el área donde están de acuerdo. Di así: "En el nombre de Jesús, yo entiendo la forma de pensar de mi pastor y estoy de acuerdo con él en el espíritu de entendimiento".

Recuerda que los discípulos estuvieron con Jesús durante tres largos años y aun así no empezaron a pensar como Él hasta después de su muerte, después de haber sido enterrado y resucitado, ascendió al cielo y envió al Espíritu Santo. De la misma forma en que el Espíritu de Dios fue impartido a estos hombres, después de un tiempo, el espíritu de tu pastor vendrá sobre ti, y los dos serán de un mismo pensar.

4. Debe caminar de acuerdo con su líder y estar sujeto a él.

Para ser un escudero, debes tener bien establecido en tu corazón que según Romanos 13:1,2 toda autoridad es establecida por Dios. Debes tomar la decisión de someterte a tu pastor en la misma forma en que te sometes a Jesús.

La mayoría de los cristianos no entienden el verdadero significado de la sumisión a la autoridad. La Biblia enseña que toda autoridad ha sido establecida por Dios, así que negarse a someterse a la autoridad delegada por Dios es lo mismo que negarse a someterse a Dios.

"¡Oh, pero yo siempre me someto a Dios!"

Este es el comentario que escucho con frecuencia. Pero, ¿cómo una persona va a decir que está sometida a Dios si él o ella rehúsa someterse a la autoridad delegada por Dios?

No debemos fijarnos en la persona, sino en el cargo que ocupa. No miramos al hombre, sino la posición. Obedecemos, no al individuo, sino a la autoridad divina en él. Algo menos que sumisión total es rebeldía y la rebeldía es el principio sobre el cual Satanás y su reino operan.

Es triste pensar que nosotros los cristianos podemos predicar la verdad con nuestros labios, y que seguimos viviendo nuestras vidas bajo un principio satánico. ¿Cómo podemos predicar el Evangelio a otros y traerlos bajo la autoridad de Dios si nosotros mismos no nos hemos sometido totalmente a esa autoridad?

En estos días, hay un espíritu de independencia que anda suelto en el cuerpo de Cristo. Las iglesias independientes producen espíritus independientes. Debemos romper ese espíritu y todo el cuerpo de Cristo comenzar a discernir correctamente.

El apóstol Pedro nos dice: "Igualmente, jóvenes, estad sujetos a los ancianos." (I Pedro 5:5). En este mandamiento no hay condiciones, excepto en el caso de un anciano que esté dando instrucciones en directa violación a las Escrituras. Entonces el creyente debe obedecer la autoridad suprema, la cual es la Palabra de Dios.

Siempre recuerda lo siguiente: Dios nunca te establecerá como una autoridad hasta que tú no aprendas a someterte a la autoridad primero.

5. Debe hacer que el ascenso de su líder sea su meta más importante.

Cuando yo le pregunté al Señor: "¿Qué pasará con mis sueños y mis metas, con la visión que tú has puesto en *mi* corazón?" Él me dijo: "Hijo, tú no debes vivir por el cumplimiento de tus sueños o visiones. Que tu meta sea alcanzar los sueños de tu pastor, y yo me encargaré de que los tuyos se cumplan".

Puedo decirte con honestidad que eso es exactamente lo que Dios ha hecho en mi vida. Doce años atrás tuve la visión de alcanzar a muchas almas en muchas naciones. En 1982, la visión comenzó a realizarse. He viajado a más de veinte países, y he predicado en la mayoría de ellos. Ahora estamos estableciendo iglesias y escuelas bíblicas en cinco de esas naciones. Todo esto ha sucedido porque yo me decidí a hacer lo que Jesús hizo; Él sacrificó sus propios deseos para cumplir la voluntad del Padre. Si tú haces lo mismo, Dios te exaltará, sin importar las circunstancias que puedas enfrentar.

6. Debe poseer una fuerza inagotable para lanzarse, empujar y forzar su camino hacia adelante sin darse por vencido a pesar de ser maltratado.

> *Pues ¿qué gloria es, si pecando sois abofeteados, y lo soportáis? Mas si haciendo lo bueno sufrís, y lo soportáis, esto ciertamente es aprobado delante de Dios.*

> I Pedro 2:20

Esta escritura nos indica que llegarán momentos cuando tú y yo seremos juzgados injustamente. Estas situaciones acontecerán, pero no permitas que Satanás ponga resentimiento en tu corazón. Aprende a entregarle la situación al Señor y soporta lo que venga con paciencia; así Dios estará complacido contigo.

Es posible que tú sepas en tu corazón que has tomado la decisión correcta acerca de algún asunto; pero a los ojos de tu líder, parezca errónea. Momentos como estos desarrollarán tu carácter, si caminas en amor, permitiendo que el Espíritu Santo de Dios se haga cargo de la situación. Siempre tendrá fuerzas si te animas en el Señor, como hacía David en I Samuel 30:6.

Lo más fácil es darse por vencido y decir: "Bueno aquí nadie me estima; fui reprendido y yo sé que tenía razón en lo que hice". No le des lugar a la carne. Ponte a orar y quédate allí hasta que I Pedro 2:20 sea parte de tu ser. La victoria vendrá y dirás como David: "Bendeciré a Jehová en todo tiempo" Salmo 34:1.

7. Debe seguir las órdenes inmediata y correctamente.

Para ser un buen líder, uno debe ser un buen seguidor. Y ser un buen seguidor significa ponerle cuidado a las cosas con rapidez y eficacia. Si aspiras ser un líder, entonces al que hoy le sirves debe confiar en que tú cumplirás con sus direcciones. Aquí están algunas claves sencillas que te ayudarán a ser un mejor seguidor para que algún día puedas ser un buen líder:

Primero, asegúrate de tomar nota de todo. Sé que debes estar pensando: "¡Muchacho, qué revelación!"

Pero seamos prácticos. Dios mandó que todo fuera escrito para que así nada se olvidara. No nos atrevamos a hacer menos de lo que Dios hizo. Apunta las órdenes de tu líder como un mesero toma las órdenes de comida. Asegúrate de que tu líder reciba exactamente *lo que pidió*

Segundo, pide a tu líder que te explique lo que no entiendas. Asegúrate de que tienes la información correcta antes de comenzar a cumplirlas. Muchas veces representamos mal a nuestro líder porque malinterpretamos lo que él dijo.

Tercero, trata de que tus órdenes sean prioritarias. ¡Cuando se te pida hacer algo, hazlo inmediatamente! Es de bendición para mí cuando mi secretaria es eficiente. Su eficiencia me ministra. Tú tendrás los mismos resultados cuando pongas empeño en cumplir tus instrucciones rápida y correctamente.

8. *Debe apoyar a su líder*

Todo pastor necesita un grupo de partidarios fieles, especialmente entre los asociados y empleados. La palabra partidarios significa "aquel que apoya o levanta; uno que sostiene; un consejero; aquel que mantiene; un defensor".

Contrario a la creencia popular, los pastores son tan humanos como cualquiera de nosotros. Ellos se sienten heridos; cometen errores; se frustran y se molestan; y muchas veces enfrentan desaliento y desánimo. Nuestro trabajo como escuderos es levantar, sostener, mantener y defender a nuestro líder, estando presente para que en momentos de necesidad él se apoye en nosotros.

Ahora mismo, mientras escribo esto, me río porque me parece oír la voz de algún empleado o asociado diciendo: "¿Y *yo*? ¿Qué sucederá con *mi* dolor, *mis* heridas y problemas?" Francamente, en el cuerpo de Cristo hay demasiados bebés. Es tiempo de comenzar a dar nuestras vidas por otros, poniendo nuestra confianza en que Dios se hará cargo de nuestras heridas y frustraciones.

Hay asociados que su único deseo y meta es estar delante de la congregación y predicar. Ellos quieren estar delante del pastor —hasta que comienza la guerra; ¡entonces de repente saltan detrás de él! Dios no nos ha llamado a ti y a mí a ir delante del pastor por una sola razón, y es para levantar nuestro escudo de fe y protegerlo de las palabras hirientes de la gente y de los dardos encendidos del diablo.

Nunca progresarás hacia el liderazgo hasta que no hayas dominado el arte de apoyar a tu líder espiritual.

9. Debe ser un gran comunicador

La comunicación es lo más importante que conozco para establecer una relación con un líder. Es la única forma de crear confianza entre el pastor y sus asociados. Esto no significa que vas a molestarlo por cualquier asunto que acontezca o decisión que tomes; sino que debes mantenerlo al tanto de lo que sucede en la iglesia.

Durante mis muchos años de servicio como ministro asociado, he aprendido una lección muy valiosa, y es: *Nunca le escondas nada a tu pastor.* Siempre déjale saber si alguien tiene (o está causando) problemas en la iglesia, y qué pasos estás tomando para resolver la situación.

Muchas veces tengo que tratar con cosas que yo sé que son mi responsabilidad, pero siempre informo al pastor de lo que estoy haciendo. Yo sé que hay situaciones que deben ser tratadas directamente por el pastor. Cuando esto sucede, yo lo comparto con él; y él se encarga de la situación, o me aconseja cómo debo resolverla.

Lo esencial es la *comunicación*.

Si alguna vez alguien te dice: "Quiero decirte algo en privado, pero prométeme que no se lo dirás al pastor", debes cortar esa conversación inmediatamente y decirle a la persona: "Mejor es que te lo guardes, porque no voy a hacer tal promesa".

Es tu deber comunicar a tu pastor cualquier cosa que pueda ocasionar problemas en la iglesia. Jesús dijo que no hay nada escondido que no sea revelado. (Marcos 4:22.) Si tú retienes alguna información, entonces con toda seguridad te puedo profetizar que lo que retienes volverá a ti; explotará y te encontrarás en medio de la explosión.

El secreto es una trampa que Satanás le tiende a los ingenuos. No caigas en ella.

10. Debe tener una disposición buena y ardiente para ganar victorias para su líder.

En 2 Samuel 22:36, David dijo del Señor: "Y tu benignidad me ha engrandecido." David fue un gran guerrero, pero él declaró que no fue su audacia, seguridad o fuerza lo que lo engrandeció; más bien, fue la benignidad de Dios. Este es el carácter que ganará victorias para un líder y al que le sirve como escudero.

Armado con esta actitud, representarás bien a tu líder y tendrás su apoyo. Siempre recuerda que como asociado o asistente, dondequiera que vayas y cualquier cosa que hagas, estás representando a tu pastor. Tú no quieres hacer algo que avergüence al pastor o a la iglesia que ambos sirven.

He presenciado momentos en que el pastor le pide a su asociado que haga ciertos cambios en su departamento o en el área de su responsabilidad. Entonces el asociado llama a los que trabajan con él y les dice: "El pastor dijo que más vale que arreglen ciertas cosas o que se vayan". Eso hace ver al pastor como un rey malo e impío sentado en su trono vociferando sus órdenes.

Estas cosas siempre suceden en las iglesias, y el resultado es el mismo: contiendas. La única razón por la cual un asociado dice tales cosas es para hacerles ver a su gente que él se preocupa más por ellos que el pastor. El que hace esto lo hace por defender su reputación a expensas de la del pastor. Un verdadero escudero se esfuerza por representar bien a su pastor ante todo hombre.

Todos los días enfrentaremos situaciones delicadas cuando trabajamos con el público. Aunque tú no seas el pastor de las ovejas, como asociado debes tomar en tu espíritu el corazón de un pastor. Debes aprender a tratar a las personas con amor y estar de acuerdo con los que trabajas y tratas. Nadie es inalcanzable mientras se puede enseñar.

En mis quince años como asociado, me he reunido con varias personas para aclarar cualquier declaración que el pastor hubiera hecho. Hay personas que se ofenden con facilidad, y muchas veces van a hablar con el asociado antes de ir directamente al pastor. En tales situaciones cuando la persona viene a mí, yo trato de hacerle entender lo que el pastor quiso decir porque yo conozco su corazón. En ese momento, también les aconsejo que hagan una cita con el pastor para que traten el asunto personalmente.

Te animo a que cada día confíes en Dios por un espíritu de *humildad, mansedumbre, perdón, pureza y una conciencia clara*. Estas virtudes mantendrán un guardia a tu alrededor, y entonces serás de mucho valor para el ministerio.

11. Debe tener la habilidad de ministrar fuerza y valor a su líder.

Para ministrar fuerza y valor, un escudero debe poseer una fuente inagotable de esas mismas virtudes. La palabra "valor" significa "valentía", la habilidad de enfrentar dificultades y peligros con firmeza y audacia.

Cuando un pastor dice: "Así dice el Señor, construyan una iglesia sin entrar en deudas". ¿Cuál es tu reacción?

Algunos dirán: "El pastor está fallando esta vez".

¿Cómo respondes tú?

¿Recuerdas cuando se les dijo a los hijos de Israel que entraran a la Tierra Prometida y tomaran posesión de ella? (Números 13.) Ellos enviaron a doce espías, los cuales regresaron y reportaron lo que habían visto allí. Sólo dos de los espías tuvieron la valentía de decir: "Subamos luego, y tomemos posesión de ella; porque más podremos nosotros que ellos" (v.30). Todos los demás dijeron: "No podremos subir contra ellos". Cada vez que Dios hable a tu Moisés, entonces sé un Josué o un Caleb, los dos espías fuertes y valientes. Levántate con fe y valentía, y marcha hacia adelante y toma la tierra, sin importar cuán grande sea la tarea.

En Números 14:4 leemos sobre los desleales y temerosos hijos de Israel: "Y decían el uno al otro: Designemos un capitán, y volvámonos a Egipto". Muchas veces el primero en ser elegido como capitán es el ministro asociado. Cuando una parte de la congregación comienza a buscarte para que seas su nuevo líder, ten cuidado. Cuando están listos para hacerte capitán en lugar del pastor, porque tú los guiarás por el camino que ellos quieren ir, ¡cuidado! Eso es un engaño y una tentación de Satanás. Ese no es el camino a la vida y al éxito, ese es el camino al pecado y la rebeldía. Dios nunca se mueve en tales cosas.

La valentía viene a través de la fe en Dios. Para ministrar la misma seguridad que tiene tu pastor, debes mantenerte en la Palabra de Dios. Esta edificación viene sólo cuando ponemos la Palabra primero.

Otro engaño y tentación de Satanás del cual debemos guardarnos y vencer, es la idea errónea de que el pastor está más interesado en cumplir su visión personal que en llenar las necesidades de sus asociados y empleados. La mentira es que el pastor irá hasta cualquier extremo para cumplir su meta, pero no se esforzará para ayudar a realizar las metas de los que trabajan con él.

Recuerda una cosa: la visión de la iglesia a la cual has sido llamado a servir es la visión de Dios, y si Él no hubiese creído que tú puedes ser parte de ella, Él nunca te hubiera puesto en el ministerio. No siempre recibirás una palmada en la espalda por un trabajo bien hecho.

Como cristianos, nuestra recompensa nos espera en los cielos.

Preferirías que tu pastor te diera una palmada en la espalda y te diga: "Buen trabajo", o que Jesús te dé una palmada en la espalda y te diga: "Bien buen siervo y fiel".

Dios lleva muy bien las cuentas y algún día los libros serán abiertos y las recompensas serán repartidas. Yo confío que tus recompensas serán grandes y serán determinadas por tu actitud aquí en la tierra.

Las funciones de un escudero

Ahora veamos algunas de las funciones de un escudero para así tener un mejor entendimiento de la lealtad y actitud que debe ser desarrollada para cumplir con este llamado divino.

El verdadero escudero:

_____ Alerta y anima a su líder, ayudándolo a enfrentarse a sus enemigos.

_____ Con destreza, lleva y maneja las armas de su líder.

_____ Se mueve con rapidez al lado de su líder en la densidad de la batalla como un escolta fuerte que nunca se queda atrás.

_____ Protege y vigila a su líder constantemente.

_____ Rechaza cualquier tipo de ataque contra su líder.

_____Rescata a su líder de todas las dificultades y apuros.

_____ Se mueve para resistir cada avance que hace el enemigo en contra de su líder para hacerle daño.

_____ Se opone y desvía a los enemigos de su líder con rapidez y de forma enérgica.

_____ Se mantiene dispuesto al lado de su líder para atender cualquier necesidad que se ofrezca.

_____ No debe perder de vista en ningún momento a su líder y al enemigo, previendo las acciones de ambos.

_____ Se rinde por completo a su líder y confía implícitamente en él, obedeciendo cada orden sin vacilar.

_____ Lleva a cabo todo plan de su líder con éxito

_____ Cumple con las órdenes de su líder perfectamente.

_____Asiste a su líder en todas las actividades que emprenda.

_____ Organiza y arregla las actividades de su líder.

_____ Prepara y cuida de las pertenencias de su líder.

_____ Pone especial cuidado en seleccionar y preparar los materiales de su líder.

_____ Se anticipa a las necesidades y pedidos de su líder para abastecer y suplir apropiadamente lo necesario.

_____ Vigila el camino por delante para señalar a su líder cualquier peligro o trampa.

_____ Reconoce y le hace saber a su líder sobre cualquier asunto dudoso o cualquier información importante.

_____ Se esfuerza por hacer que el ambiente de su líder sea más placentero y llevadero.

_____ Es detallista; sensible a los detalles.

_____ Ayuda a acelerar el progreso y promoción de su líder.

_____ Pone gran énfasis en realzar la posición de su líder guardándose de celos, envidia o egoísmo personal.

_____ Exalta y respeta a su líder en todo tiempo.

_____ Está pendiente de las debidas recompensas de su líder, reclamando cualquiera que su líder haya pasado por alto.

_____ Trabaja incansable y diligentemente a nombre de su líder, buscando la forma de mejorar su situación y bienestar.

_____ Cumple con su líder siempre, llevándose bien con él, y haciéndole sentir cómodo al dar órdenes.

_____ Sacrifica su propia vida y bienestar por el mejoramiento de su líder.

_____ Trabaja por el bienestar de su líder en todo tiempo.

_____ Demuestra intolerancia total hacia cualquier acusación falsa contra su líder.

_____ Comparte los sueños, metas y visiones de su líder.

_____ Desea que su líder progrese.

_____ Perdona a su líder por cualquier ofensa inmediatamente y sin guardar resentimiento o ira.

_____ Rehúsa guardar resentimiento contra su líder por cualquier razón.

_____ Demuestra una lealtad extrema a su líder, hasta la muerte.

_____ Completa y complementa a su líder.

_____ Va a la par de su líder.

_____Considera a su líder más importante que a sí mismo.

Hasta ahora es obvio que un escudero bíblico era más que un simple empleado. Un escudero era la persona que indudablemente pasó muchos años, si no es toda su vida, al servicio del oficial. Sólo de esta manera, éste podría llegar a conocer y entender a su oficial.

Sirviente, guardaespaldas, amigo, compañero, mayordomo, cocinero y confidente, son sólo algunas de las funciones que desempeñaba un escudero en la vida de su oficial. Su lista de deberes era interminable. La posición de un escudero es una que requiere gran honor, amor, tolerancia y vigilancia. Una obediencia incondicional era absolutamente necesaria, aunque después de unos cuantos años de servicio el fiel escudero probablemente no necesitaba que le dijeran lo que su oficial pensaba, deseaba o exigía. Él lo conocía como a sí mismo.

Dedicación y devoción hasta la muerte era ya una costumbre en la vida del escudero bíblico.

Aunque no hay material de referencia disponible que indique el procedimiento exacto que se usaba para seleccionar y entrenar a un escudero en los tiempos bíblicos, parece claro que cualquier método que fuera usado, obviamente requería una lealtad sincera. También es evidente que el escudero era elegido y entrenado por el oficial al cual serviría.

En el capítulo 5 consideraremos algunos requisitos para una posición tan importante como es la del escudero espiritual.

3

Escuderos del Antiguo Testamento

Un buen ejemplo de la lealtad de un escudero se encuentra en la historia de la muerte de Abimelec (Jueces 9:45-55).

Este suceso tomó lugar durante una guerra en la cual Abimelec estaba sitiando una ciudad. Él tuvo éxito en su intento de tomar la ciudad y tenía al enemigo huyendo. Cuando él llegó a la torre donde las personas se refugiaban, él se preparó para quemarla. En el momento en que la leña era puesta al pie de la torre, desde arriba una mujer tiró un pedazo de una rueda de molino la cual golpeó a Abimelec en la cabeza, rompiéndole el cráneo. Él se volvió hacia su escudero y le ordenó al joven:

*Saca tu espada, y mátame, para que no se diga
de mí: Una mujer lo mató (v.54).*

Aunque Abimelec fue malo, la lealtad de su escudero
era obvia. Él era la persona más cercana al rey cuando la
piedra le dio en la cabeza. Él estaba tan preocupado por
el honor de Abimelec como él mismo. Él no quería que
se dijera que su oficial fue muerto por una mujer. Su
obediencia instantánea también ha sido grabada:

Y su escudero le atravesó, y murió (v.54).

El escudero de Saúl

En I Samuel 31:4-6 y I Crónicas 10:4,5 encontramos
otro relato de un oficial que estaba en la guerra, con su
escudero a su lado. Saúl y su ejército estaban peleando
contra los filisteos y estaban perdiendo. Al darse cuenta
de que la derrota era inminente, el ejército de Saúl dio la
vuelta y huyó. Sus hombres, incluyendo sus hijos, fueron
muertos y Saúl fue herido por flechas. Él miró a su
escudero y le ordenó:

*Saca tu espada, y traspásame con ella, para que
no vengan estos incircuncisos y me traspasen,
y me escarnezcan.*

1 Samuel 31:4

Saúl prefería morir a manos de su escudero antes que
ser capturado y torturado por el enemigo. Sin embargo,

el escudero no le obedeció, así que Saúl tomó su vida al echarse sobre su espada. Y viendo su escudero a Saúl muerto, él también se echó sobre su espada, y murió con él (v.5).

Muchas cosas son reveladas en esta escritura.

En cierto momento durante la batalla, las fuerzas armadas de Saúl huyeron. Su ejército comenzó a huir, y mataron a sus hombres. Más adelante durante la huida, sus tres hijos fueron muertos. El enemigo se acercó lo suficiente como para herir a Saúl.

En ese momento él se volvió hacia su escudero y dio la orden de morir en sus manos.

Fíjate que aunque todos habían huido, dejando que Saúl enfrentara solo a todo el ejército enemigo, su fiel escudero estaba a su lado. Siendo rey, Saúl cabalgaba en el caballo más rápido o viajaba en el carruaje más veloz, que era conducido por su escudero. Si él cabalgaba, entonces el caballo de Saúl era seleccionado por su escudero porque era su deber seleccionar y cuidar la montura, el equipo y material de su oficial. No es preciso mencionar, que el caballo del escudero debía tener la misma fuerza, velocidad y vigor que el de su amo.

Se podía confiar en que el escudero escogiera la cabalgadura de su oficial porque él sabía como su comandante pensaba y lo que a él le gustaba y necesitaba.

En medio de la pelea y la huida, el escudero de Saúl pudo esquivar las flechas y mantenerse al lado de su líder. Cuando Saúl le ordenó a su fiel sirviente que lo traspasara con su espada.

Mas su escudero no quería, porque tenía gran temor. (v.4)

Parece extraño que un escudero tenga "gran temor". Él había sido seleccionado, entrenado y preparado para servir en batalla. Al ser el escudero del rey, probablemente era un guerrero más hábil que cualquier otro soldado en el ejército del rey. Su deber era proteger al comandante en jefe. No parece lógico que este hombre que había sido entrenado y preparado para dar su vida para salvar y defender al rey tuviera temor.

En el lenguaje hebreo, la palabra miedo se traduce "yare". Pero no significa miedo en el sentido de estar atemorizado o aterrorizado, sino miedo causado por reverencia. En este caso, significa "¡honrar y respetar!"

Ahora la reacción del escudero es mucho más comprensible.

Este hombre había pasado todo su tiempo al servicio de Saúl, cuidándolo y protegiéndolo. Toda su razón de vivir era preservar la vida del rey. Si hubiera la menor oportunidad de salvar a Saúl de la destrucción, entonces él debía arriesgarse, aunque hubiera pocas posibilidades de éxito.

Quizás fue demasiado pedir al hombre que había protegido a Saúl por todo ese tiempo que le quitara la vida a quien él había jurado defender. Él no podía destruir al que él había pasado su vida preservando y protegiendo.

Dos escuderos diferentes

Fíjate en la reacción del escudero de Saúl en contraste con la reacción del sirviente de Abimelec, quien mató a su oficial cuando éste se lo pidió. Aquí vemos dos reacciones diferentes de dos hombres que habían dedicado y sacrificado sus vidas por el bienestar de sus superiores. Quizás la razón para tan diferentes reacciones se deba a que las circunstancias fueron diferentes.

Aunque Saúl había sido gravemente herido por las flechas, quizás su escudero no consideró que sus heridas fueran mortales.

Probablemente el joven había sido entrenado para curar heridas. Quizás él hubiera preferido tratar de escapar de los filisteos y esconderse en algún lugar, para curar a Saúl.

Abimelec había sido golpeado en la cabeza por un gran pedazo de una rueda de molino, y su cráneo había sido aplastado. Es muy probable que esa herida no fuera muy bonita que digamos. Quizás el contenido de su cráneo se estaba saliendo por la herida. La muerte era inevitable.

Saúl dijo: "Saca tu espada y traspásame, no sea que esos incircuncisos vengan y me traspasen y abusen de mí."

Abimelec dijo: "Saca tu espada y mátame, para que la gente no diga que fui muerto por una mujer".

La diferencia es que Abimelec se estaba muriendo; y Saúl no. Saúl simplemente temía que los filisteos vinieran y lo torturaran.

Quizás el escudero de Saúl hubiera preferido escapar con su comandante, o tal vez pelear hasta la muerte. Pero una cosa es segura: por respeto, él no podía ser el hombre que pusiera fin a la vida de Saúl. Fue un sentido de temor reverencial, respeto y honor, no "miedo" lo que causó que el escudero fracasara en obedecer al rey.

Cuando Saúl se dio cuenta de que su escudero no iba a cumplir con su pedido, él se tiró sobre su espada. Como era el estilo de un verdadero escudero, como un hombre que había pasado toda su vida siguiendo a Saúl, el escudero sabía que no había tiempo que perder. Cuando su amo cayó en su propia espada y acabó con su vida, el escudero no tenía más razón de vivir. Por respeto a su oficial, él también se tiró sobre su espada. El suicidio no fue idea suya. En efecto, si Saúl le hubiese preguntado, tal vez el escudero tenía alguna estrategia mejor o algún plan para escapar de las manos de los filisteos. Pero como Saúl escogió poner fin a su vida, su fiel servidor hizo lo mismo.

El escudero de Jonatán

En I Samuel 14:1-23 hay otro relato sobre la relación entre un joven y su escudero. Jonatán le ordenó a su escudero que le acompañara a la guarnición de los filisteos contra quienes él y el pueblo de Israel peleaban. Él quería ir solo. Jonatán no había informado a su padre, Saúl, de sus intenciones. Aunque el rey no tenía conocimiento del plan, y aunque él y su amo eran los únicos contra todo un ejército, el escudero de Jonatán obedeció.

En el verso 6, Jonatán dice:

Ven, pasemos a la guarnición de estos incircuncisos; quizá haga algo Jehová por nosotros, pues no es difícil para Jehová salvar con muchos o con pocos.

En el verso 7, el joven y temerario escudero contestó:

*Haz todo lo que tienes en tu corazón; ve, pues
aquí estoy contigo a tu voluntad.*

Mientras los dos jóvenes subían al campamento del enemigo, Dios les confirmó que Él, en efecto, les había entregado al enemigo en sus manos. Jonatán miró a su acompañante y le dijo:

Sube tras de mí (v.12).

Cuando ellos llegaron al lugar donde estaba el enemigo, "...y los que caían delante de Jonatán, su paje de armas que iba tras él los mataba" (v.13). Entonces la Palabra explica cómo ese día Dios salvó toda la nación de Israel, a través de la acción de Jonatán y su fiel y obediente escudero.

Es curioso notar lo que Jonatán dijo: "*Quizá* haga algo Jehová por nosotros". Aunque Jonatán no estaba seguro de lo que iba a pasar, su escudero estaba más dispuesto a seguirlo. El verso 7 revela su respuesta, y la actitud apropiada de un escudero:

*Haz todo lo que tienes en tu corazón; ve, pues
aquí estoy contigo a tu voluntad.*

Mientras se aproximaban al enemigo, el escudero de Jonatán se mantuvo en su lugar. Él debía ir *detrás* de Jonatán.

En el verso 13 vemos que fue la unción que estaba sobre Jonatán, la unción de un líder, que causó la caída del enemigo. El joven escudero fue diligente en seguir *detrás* de su oficial, destruyendo al enemigo que era derribado a tierra por la unción de Dios sobre su líder:

> Y *su paje de armas que iba tras él los mataba* (*v.13*).

Este es un ejemplo clásico de la humildad y diligencia de un escudero bíblico. Él es quien gana victorias y mata al enemigo mientras el líder obtiene la gloria ...alguien que confía en su oficial, hasta en lo que parezca ser un capricho ...alguien que se mantiene en su lugar *detrás* del hombre a quien sirve, sin esforzarse en ponerse delante.

David como escudero

En I Samuel 16:14-23 encontramos la historia del último de los cinco escuderos.

El rey Saúl estaba perturbado. Él tenía un espíritu que lo angustiaba. Él decidió buscar un músico hábil que pudiera calmar su estado mental cuando era oprimido. Un joven le fue recomendado por uno de sus sirvientes:

> *He aquí yo he visto a un hijo de Isaí de Belén, que sabe tocar, y es valiente y vigoroso y hombre de guerra, prudente en sus palabras, y hermoso, y Jehová está con él.*
>
> I Samuel 16:18

El joven fue enviado a Saúl, llevando regalos. La Palabra nos dice que Saúl "le amó mucho" y le hizo su escudero (v. 21). Él le ministraba fuerza a Saúl, causando que éste sintiera "alivio" y "bienestar" (v.23).

En el verso 18 vemos que el joven escudero fue descrito como:

1. Músico hábil
2. Un hombre valiente
3. Un hombre de guerra
4. Prudente en sus palabras
5. Hermoso en apariencia
6. Uno con quien el Señor estaba

Todas estas cualidades son la descripción bíblica de un verdadero escudero.

Quizás el hecho de que David fuera el escudero de Saúl explique su actitud cuando más tarde él declaró que no tocaría "al ungido del Señor" (I Samuel 26:9). No importó las veces que Saúl trató de matar a David, y no importó las muchas oportunidades que tuvo David de matar a Saúl, sin embargo, David nunca le hizo daño.

¿Será posible que David caminara en el mismo temor que causó que el futuro escudero de Saúl se negara a matarle? Es muy probable. Este respeto y honor hacia el ungido de Dios explica la actitud de extremo arrepentimiento, tristeza y humildad de David ante Saúl después que él, a escondidas, cortó el ruedo del manto de Saúl (I Samuel 24:1-6).

David fue un verdadero escudero, uno que no guardaba rencor sino que fiel y obedientemente soportaba el maltrato de su capitán. El resultado fue con el tiempo su promoción a un lugar de gran respeto y honor.

4

La escudería del Nuevo Testamento

Hasta ahora hemos estudiado el Antiguo Testamento concerniente al tema de la escudería, y claramente hemos definido el deber, papel, y servicio del escudero en el Antiguo Testamento. Ahora veamos el papel del escudero a la luz del Nuevo Testamento.

El ministerio de la escudería

En la vida de cada cristiano, Dios ha establecido cierto orden de prioridades. Tanto el escudero como la persona a quien éste sirve deben seguir estas prioridades, si han de vivir una vida cristiana fiel. Por orden de importancia, las prioridades son:

1. Relación con Dios
2. Relación con su cónyuge
3. Relación con los hijos
4. Empleo o trabajo

La mayor diferencia entre la escudería en el Antiguo y el Nuevo Testamento es que en los días del Antiguo Testamento el deber de un escudero era la primera prioridad. En el Nuevo Testamento, es la cuarta prioridad. Esto no significa que el escudero de hoy sea menos responsable; pues su posición es asignada por Dios, y él debe cumplir con su deber. Aunque, físicamente, el trabajo ha cambiado, la actitud del corazón debe ser la misma.

La posición de un escudero no es de corta duración; más bien, Dios le llama a una posición devota y leal.

Al comparar esta posición con la de un asociado o cualquier otra posición en el ministerio, el individuo debe comprender que Dios no le ha llamado para que use la posición como peldaño para avanzar en el ministerio. Esto ha pasado muchas veces en el cuerpo de Cristo, y es como una ofensa a Dios.

Si la persona piensa que la única razón por la cual Dios lo tiene donde está es porque va a recibir promoción a "algo más grande y mejor", entonces es triste decirlo, pero ese individuo está usando el sistema del mundo. Este individuo dice: "Cualquiera que me ofrezca más dinero o autoridad recibirá mis servicios".

¿En algún momento le has preguntado a Dios si la posición en la cual te encuentras es la que Él ha escogido para ti?, si donde estás ahora es donde Él quiere que estés? No importa cuál sea el salario o las condiciones de trabajo, lo que verdaderamente importa es: ¿Dios te ha llamado a ese trabajo y lugar?

Mientras servía a mi pastor, tuve dos oportunidades de pastorear otras iglesias. Ambas eran buenas iglesias, y en aquel tiempo que se me hizo la oferta, el pago era mejor que el que recibía donde estoy. Hubiera sido pastor, en vez de asociado. Si yo hubiese operado en el sistema mundano, habría aprovechado "la oportunidad de avance". Pero el reino de Dios no opera de esa manera.

Yo sé que estoy ocupando la posición *escogida* por Dios para mí. Yo oro de la siguiente manera cuando personas nuevas se unen como empleados en nuestra iglesia: "Señor, envíame las personas que han sido escogidas por ti".

A menos que las personas sean *llamadas* y *enviadas* por el Señor, no la aceptes. Yo comprendo que hay momentos en que Dios separa a una persona de la posición que ocupa. Ese momento llegará a tu vida algún día. Pero cuando llegue, tú y tu pastor sabrán que es un tiempo de cambio, y que la separación será la mejor para todos, en especial para el reino de Dios.

En la pared de mi oficina tengo una placa que dice así: "Florece donde eres sembrado". Yo creo y practico ese principio, que está basado en la Palabra de Dios. Mi vida es un testimonio de que la Palabra de Dios funciona.

Como escudero debemos ser fieles en el lugar donde Dios nos ha "sembrado". Deja que Dios te exalte y te dé promoción donde estás. Si eres diligente, fiel, humilde y motivado por un corazón de servidor, encontrarás los principios de la Palabra de Dios trabajando en ti.

La Biblia nos dice:

> *Humillaos, pues, bajo la poderosa mano de Dios, para que Él os exalte cuando fuere tiempo.*

> I Pedro 5:6

Yo sé con toda certeza que si Dios alguna vez dice que es tiempo que yo deje mi posición y que ocupe otra, Dios lo pondrá tanto en mi corazón como en el del pastor.

El escudero fiel

A modo de ilustración, quisiera compartir contigo una historia interesante de un escudero fiel. Hace ya algún tiempo mi pastor, Happy Caldwell de la Iglesia Ágape en Little Rock, Arkansas, se reunió con el equipo de las Cruzadas de Billy Graham, quienes estaban planeando una serie de servicios en nuestra ciudad. El coordinador de la cruzada comenzó haciendo el comentario de que él era el que menos tiempo llevaba con Billy Graham entre todos sus otros ministros.

"Sólo tengo *23 años* con Billy", dijo él.

Cuando yo escuché eso, quedé asombrado. En los círculos carismáticos predicamos fidelidad y permanencia, pero el equipo de las Cruzadas de Billy Graham lo vive. Algunos empleados y ministros están listos para darse por vencidos e ir a recibir su recompensa, si Dios no le da algo nuevo y mejor cada año. Tenemos que comenzar a ver nuestra posición como una que ha sido establecida por Dios. Debemos estar dispuestos a permanecer en ella por el resto de nuestra vida, si eso es lo que Dios quiere.

Recientemente, me postré delante de Dios y oré diciendo: "Señor, si es tu deseo que yo me quede como el escudero de mi pastor y que sirva a este ministerio en esta capacidad por el resto de mi vida, entonces que se haga tu voluntad".

Amigo, no es divertido estar fuera de la voluntad de Dios. Nosotros, en la Iglesia, no tenemos tiempo para operar fuera de la voluntad y el plan de nuestro Padre Celestial.

Si eres un asociado o un empleado en el ministerio, quiero animarte a que te mantengas fiel, no importa la presión que estés enfrentando. Francamente debo admitir que hubo momentos en que quise dejarlo todo y decirle a Dios: "Esto es muy difícil; esto no es justo".

Un día Jesús me habló y me dijo que simplemente me estaba pidiendo que hiciera lo mismo que Él había hecho en la tierra. Jesús realizó el deseo de su Padre, y no el suyo. Él no nos está pidiendo que hagamos algo que Él mismo no ha hecho.

En este momento de mi vida, estoy haciendo más de lo que jamás he hecho para Dios. A la edad de 33 años, he viajado a otros países y he hecho cosas que siempre he soñado. Yo creo que todo esto ha ocurrido porque he permanecido donde Dios me ha llamado.

En mi oficina yo quedo de espaldas a una vista de una montaña muy bonita, y un día un hombre entró a mi oficina e hizo el siguiente comentario:

"Bueno", dijo él, mientras entraba, "¿cómo se siente ser un gran hombre con un gran escritorio, sillas de cuero y una vista como la que tienes?

Gracias al Señor que yo estaba de buen humor cuando él dijo esto. La gente no tiene idea de lo que ha costado llegar a ese lugar. Cualquier ministro podrá entender cómo yo me sentía.

Si tú no eres un ministro, te diré cómo se siente. Me siento exactamente igual que en 1979 cuando yo tenía una oficina con alfombra verde olivo, un escritorio sobrante del ejército, y una ventana pequeña con vista al respaldo de una farmacia. ¿Y yo me quejé? ¡Cielos, no! El Pastor Caldwell tenía una puerta sobre dos gabinetes de archivar como escritorio. Yo saltaba de alegría sólo con el hecho de poder decirle a la gente: "Pase a mi oficina". Era fea, pero era *mi* oficina, la primera que yo había tenido. Yo la había dado "a luz" en el espíritu mientras oraba, y estaba contento y orgulloso de ella.

El Espíritu de Dios te puede estar ministrando ahora porque tú estás a punto de darte por vencido en tu ministerio. ¡Por favor no lo hagas! Lee la Palabra y comienza a regocijarte con lo que fuiste bendecido. Por tu futuro en las manos de Dios. Recuerda, David le fue fiel a Saúl, y mira como Dios lo exaltó.

Un día entré a mi oficina sientiéndome como si todo en el mundo estuviera contra mí. Estaba desanimado. Me sentía abandonado. Parecía como que lo único que me faltaba era que Dios cayera sobre mí. En ese momento, miré mi Biblia que estaba sobre el escritorio y grité a Dios, diciendo: "¡Necesito ayuda!" Cogí la Biblia y se abrió en Efesios 5. Yo sé que Dios me dirigió a ese capítulo. Comencé a leer, y entonces llegué hasta Efesios 5:17-19:

> *Por tanto, no seáis insensatos, sino entendidos de cuál sea la voluntad del Señor. No os embriaguéis con vino, en lo cual hay disolución; antes bien sed llenos del Espíritu, hablando entre vosotros con salmos, con himnos y cánticos espirituales, cantando y alabando al Señor en vuestros corazones.*

Mientras leía esta porción, el Señor iluminó la palabra *hablando*. (Hay una versión en inglés que dice: Haciendo melodías en vuestros corazones al Señor.) "Hijo", dijo Él, "un piano toca una música hermosa sólo cuando alguien se sienta delante de él y lo toca".

"El gozo, la paz, y la seguridad que necesitas están en ti", Él continuó diciendo, "pero tú tienes que hacer que la melodía salga de ti. Levántate y danza delante de mí".

Yo no quería hacerlo, ni me sentía con deseos de danzar, pero lo hice por fe. Cerré la puerta de mi oficina y comencé a saltar y brincar con gozo, alabando a Dios. Mientras lo hacía, la unción cayó sobre mí y rompió la opresión.

Si te encuentras bajo un espíritu de opresión, entonces antes de continuar leyendo este capítulo, levántate y comienza a regocijarte. Eres libre en el nombre de Jesús. Esta es la voluntad de Dios para ti ahora mismo.

Ahora, ¿qué sucede con nuestra relación personal con nuestro oficial? En II de Corintios 5:16 el apóstol Pablo dice:

De manera que nosotros de aquí en adelante a
nadie conocemos según la carne.

Tú fuiste llamado al ministerio para servir a un general en el ejército de Dios, como un escudero. El Antiguo Testamento sugiere una relación muy íntima entre el oficial y su escudero. Este podría ser el caso en el Nuevo Testamento, pero una relación tan íntima no es necesaria para cumplir nuestra responsabilidad de escudero con éxito. Dios no te llamó para que seas el compañero de pesca de tu líder. Yo no fui llamado a ser el mejor amigo de mi pastor. Somos amigos, pero esa no es nuestra relación principal.

Nunca debemos pretender tener el derecho de saber o ser parte de la familia o vida privada de nuestro oficial:

No te alabes delante del rey, ni estés en el lugar
de los grandes; porque mejor es que se te diga:
Sube acá, y no que seas humillado delante del
príncipe a quien han mirado tus ojos.

Proverbios 25:6,7

Admitiré que cierta relación personal es inevitable, pero el papel principal del escudero no es de amigo personal. La razón principal de un escudero es destrozar la fortaleza de Satanás sobre su pastor, iglesia y ciudad. No te sientas ofendido si tu pastor no te invita a cenar todos los viernes. Tu meta no es acercarte al pastor, sino acercarte a Jesús y hacer guerra en el Espíritu.

El servicio de un escudero

En el Antiguo Testamento, la función principal de un escudero estaba relacionada directamente con el combate. Este requisito no ha cambiado entre el Antiguo y el Nuevo Testamento. Lo que ha cambiado es el tipo de combate que hace el escudero del Nuevo Testamento al servir a su líder.

> *Porque no tenemos lucha contra sangre y carne, sino contra principados, contra potestades, contra los gobernadores de las tinieblas de este siglo, contra huestes espirituales de maldad en las regiones celestes.*

> Efesios 6:12

En esta escritura vemos claramente que no estamos luchando contra los filisteos —contra carne y sangre— sino contra poderes domoníacos.

Dios llama a hombres y mujeres a realizar tareas maravillosas para Él. Predicar la Palabra de Dios a todas las naciones no es cosa pequeña. Es imposible que una persona lo realice sola. Ahí es donde entra el cuerpo de Cristo. Dios pondrá su visión dentro de una persona, y su unción para que la cumpla. Entonces Él pondrá personas alrededor de ese individuo para que lo apoyen y trabajen con él en el cumplimiento de esa visión. El Señor comenzará enviando ministros llamados por Él para que asistan al hombre de Dios y para que tomen de su espíritu sobre ellos. Estas personas actúan como escuderos; su función es quitar un poco del peso al oficial, y ayudarlo a impartir su visión a los demás.

He oído a predicadores referirse a sus asociados como "plato de segunda mesa". Tengo varias preguntas que hacerle a los que piensan de esta manera: ¿Fue Josué plato de segunda mesa para Moisés? ¿Fue Eliseo "plato de segunda mesa" para Elías? ¿Será la nariz menos importante que los ojos, y el pie menos que la mano?

Si habías considerado el ministerio de asociado de esta forma, espero que tu forma de pensar haya cambiado.

No hay platos de segunda mesa en el cuerpo de Cristo.

> *Y aquellos del cuerpo que nos parecen menos dignos, a estos vestimos más dignamente; y los que en nosotros son menos decorosos, se tratan con más decoro.*
>
> I Corintios 12:23

Si alguien cree que por ocupar la posición de pastor, profeta, evangelista o maestro es mejor que el resto del cuerpo de Cristo, entonces que se prepare para ser humillado, porque eso es orgullo, y la destrucción lo espera a la vuelta de la esquina. Confío en que tú nunca caigas en esa forma engañosa de pensar.

Los escuderos llamados por Dios están para apoyar al líder y ayudarlo a realizar la visión que Dios le ha dado.

Un día le dije a mi pastor que yo lo respaldaba, que estaba detrás de él. Él se detuvo y dijo: "No, tú estás a mi lado".

Esto no sucedió de la noche a la mañana, ninguna relación se cimenta de la noche a la mañana. Tu posición en el ministerio es importante para Dios, y si eres fiel y paciente, a su debido tiempo serás exaltado.

Deuteronomio 32:30 dice:

> *¿Cómo podría perseguir uno a mil, y dos hacer huir a diez mil?*

Como puedes ver, contigo a su lado, tu oficial es diez veces más poderoso que solo.

Los deberes de un escudero

Podemos observar que la parte más importante entre los deberes de un escudero está en el reino espiritual. Ser escudero es tener un ministerio de oración, vigilancia, e intercesión. El escudero debe demostrar su sinceridad, lealtad, y valentía en el reino espiritual a través de la oración e intercesión. Todas las tareas del escudero del Antiguo Testamento se aplican en el espíritu en el tiempo en que vivimos. En lo que hemos aprendido del Antiguo Testamento, y basados en las escrituras que hemos visto en el Nuevo Testamento, podemos identificar los deberes de un escudero del Nuevo Testamento.

Un verdadero escudero:

_____ Se esfuerza por mantener sus prioridades piadosas en orden.

_____ Resiste el querer conocer a su líder según la carne.

_____ Mantiene una actitud de humildad, con temor y temblor, con sinceridad, haciendo lo que es agradable a Cristo: "No sirviendo al ojo, como los que quieren agradar a los hombres".

_____ Sirve bien a su líder, sin esperar recompensa del hombre, pero sabiendo que un día Jesús le recompensará por sus esfuerzos y su lealtad.

_____ Ayuda a su líder en combate espiritual.

_____ Ministra a su líder fortaleza en el espíritu.

_____ Ayuda a que su líder se mantenga firme contra las acechanzas del diablo.

_____ Sabe cómo tratar con fuerzas espirituales

Aunque la palabra escudero no es usada en el Nuevo Testamento, a través de las escrituras podemos ver que la actitud y el espíritu de un escudero se encuentran entre las páginas del Nuevo Pacto.

Aquí encontrarás algunas referencias para que descubras y estudies por ti mismo la actitud y el carácter apropiado de un escudero del Nuevo Testamento: Mateo 18:1-4; Juan 15:13; Efesios 6:5-6; Filipenses 2:3,9; I Tesalonicenses 5:12,13; I Pedro 2:20, 5:5.

5

El clamor de los líderes de Dios

"¡Oh Dios! ¡Mándame un Josué!"

Todos sabemos que Josué nunca fue llamado el escudero de Moisés en la Biblia, pero fue llamado el servidor de Moisés en Josué 1:1. La palabra ministro en forma verbal significa: atender, contribuir a; ministrar a, aguardar a, y servir. De esta definición vemos que el deber era servir a Moisés, contribuir a su éxito, y servirle en todo lo que fuera posible. Si Moisés hubiese tenido un escudero, hubiera sido Josué por la relación que tenían.

Hoy en día, los apóstoles, profetas, evangelistas, pastores, y maestros por todo el mundo están clamando por un Josué que los ayude. Pero mi pregunta a ellos es la siguiente: ¿Estás dispuesto a ser un Moisés para tu Jo-sué? Hay responsabilidad de los dos lados.

¿Qué sucederá contigo? Moisés estaba dispuesto a poner su unción, y toda su vida en Josué. Él estaba dispuesto a abandonar su control y permitir que Josué llevara al pueblo a la Tierra Prometida, aunque Moisés había pastoreado al pueblo personalmente por cuarenta años en el desierto. Él sabía que el pueblo de Israel pertenecía a Dios, no a él. Él obedeció a Dios cuando dijo: "Ahora Josué será el que los lleve a la tierra que les he prometido".

No estoy diciendo que esta es la situación en tu ministerio, pero quiero que veas, que primeramente, *no es tu ministerio*, es de Dios.

Dios puso la visión en ti. Fue engendrada en tu espíritu. Cuando Dios comienza algo. Él lo termina. El trabajo que Dios ha comenzado continuará mucho tiempo después de ti —si estás dispuesto a confiar en otras personas, sin temor a darles la autoridad que ellos necesitan para ayudarte—. Se reconoce cuán bueno es un líder por la calidad de personas que lo siguen.

Cuando busques un Josué para tu ministerio, la siguiente lista te indica las cosas básicas que debes buscar, y hacer:

1. Ora para que Dios ponga en tu camino a las personas que han sido llamados por Él.

Esta es prioridad número uno.

Pide a Dios que mande personas de calidad para que te ayuden a llevar tu visión adelante. Las personas que Dios te mande pueden o no, ser miembros de tu familia.

Una vez escuché a un ministro que dijo: "No permitiré que nadie que no sea miembro de mi familia dirija mi ministerio". Esa es una declaración muy fuerte, y totalmente sin base en las Escrituras. La unión entre un líder y sus empleados es en el espíritu y no en la sangre.

Dios levantó a Josué y no a uno de los hijos de Moisés. Dios levantó a David y le hizo rey, y no a Jonatán, quien era el heredero legal del trono. Dios le dijo a Elías que ungiera a Eliseo como su sucesor, no a un miembro de su familia. Dios ungió a Samuel para que fuera sacerdote, no a los hijos de Elí. En efecto, Ofni y Finees, los hijos de Elí, estaban llenos de maldad y perversidad (I Samuel 2:22-25).

Ahora diré que Dios puede levantar a tu hijo o hija para que continúe tu visión, pero Él puede mandar a otro. La clave es que tú hagas la voluntad de Dios en tu ministerio sin importar a quién Él escoja para que te ayude y sea tu sucesor.

Cualquier clase de persona que necesites, pídesela a Dios. Él te mandará un asociado, un director de música, un director de ujieres, o cualquier cosa que necesites o desees. Sólo necesitas pedírselos a Él, y comenzar a darle gracias por contestar tu oración.

2. Esté dispuesto a impartir de sí mismo en las vidas de sus ayudantes.

Algunos líderes se preguntan por qué tienen problemas con sus empleados. Muchas veces la razón es porque nunca han invertido de sí mismos en sus asociados.

En el Antiguo Testamento, el Señor habló a Moisés acerca de los que habían sido elegidos para asistirlo a dirigir a los hijos de Israel:

Y yo descenderé y hablaré allí contigo, y tomaré del espíritu que está en ti, y pondré en ellos; y llevarán contigo la carga del pueblo, y no la llevarás tú solo.

Números 11:17

En ese tiempo Dios tomó del espíritu que había puesto en Moisés y lo puso sobre setenta ancianos. Esto era para que los ancianos funcionaran como colaboradores y ministraran al pueblo con el mismo amor y unción que Moisés ministraba. Esto fue realizado cuando Moisés puso sus manos sobre sus asociados, impartiendo a ellos su espíritu.

¿Dónde estaríamos hoy si Jesús no hubiese impartido de sí mismo en sus discípulos? ¿Qué habría ocurrido si su actitud hubiera sido la siguiente: "Yo soy el líder aquí, y no tengo tiempo que perder con este grupo de discípulos débiles e infieles?"

Esta clase de actitud es evidente en algunos líderes, y es del diablo, no de Dios. El Señor no nos ha llamado a controlar las vidas ajenas, sino a ser un ejemplo para el rebaño.

3. Delega autoridad

Dios desea enviarte gente de calidad que sean del mismo sentir tuyo. Pero no temas dejarles expresar esa creatividad divina. Algunas veces hay líderes que viven con el temor de que están perdiendo control, porque sus súbditos han tomado la visión y están trabajando en ella.

No apagues el entusiasmo, unción, sabiduría y habilidad de tus ayudantes. Un líder listo sabe dirigir los talentos y habilidades de su pueblo. Debes proveer oportunidades para que tus ayudantes desarrollen, ministren y den rienda suelta a su creatividad. Esto se aplica especialmente a escuderos que han demostrado fidelidad en bendecir y ayudarte a ministrar al pueblo.

Si vas a darle responsabilidad a alguien en cualquier área del ministerio, entonces ten suficiente confianza para darle la autoridad que necesita para cumplir con ella.

Un oficial de Washington, D.C., habló sobre su problema con la autoridad. A él le gustaba sentir el poder que su autoridad le daba. Después de ser cristiano y ser llamado al pastorado, él dijo que todavía le era problemático delegar autoridad. Para romper ese espíritu en su vida, comenzó a "sembrar" autoridad en los demás, o sea, darles autoridad a otros.

Encontrarás que, con Dios, mientras más das, más recibes.

4. Busca el espíritu de escudero en las personas.

Está es una lista que determina si las personas en tu camino reúnen las cualidades necesarias para ser un escudero:

    a. ¿Tienen una vida de oración disciplinada?

    b. ¿Son fieles a la iglesia?

    c. ¿Su familia, es intachable?

d. ¿Diezman?

e. ¿Te sientes cómodo en su presencia?

f. ¿Se sienten cómodos en tu presencia?

g. ¿Están interesados en personas de todo tipo y razas?

h. ¿Poseen una voluntad fuerte y estable?

i. ¿Evitan murmuraciones y quejas?

j. ¿Son optimistas?

k. ¿Se sujetan a la autoridad?

l. ¿Son buenos oyentes?

m. ¿Observan una buena disciplina mental y física?

n. ¿Son leales?

Mientras haces y contestas estas preguntas concernientes a otros, recuerda siempre hacerte la siguiente pregunta, la cual es muy importante: *¿De qué sirve un general sin un ejército que le siga?*

6

Cómo desarrollar el espíritu de un escudero

Empezando por los líderes, todo hijo de Dios, necesita desarrollar el carácter de un escudero. Yo creo, que ahora mismo en el cuerpo de Cristo, necesitamos enseñanza sobre cómo desarrollar el carácter de Cristo. Hemos aprendido mucho acerca de la fe, prosperidad e intercesión, pero creo que debemos poner más énfasis en el desarrollo del carácter. El poder de Dios es limitado por nuestra codicia de poder, dinero y sexo. Hoy en día, estas cosas están destruyendo ministerios por todo el mundo.

Quisiera compartir los siguientes pasos que creo te serán de beneficio en tu esfuerzo por desarrollar el espíritu de un verdadero escudero que ha sido llamado por Dios.

Pasos para desarrollar
el espíritu de un escudero

Paso 1. *Líbrate del orgullo.* (Santiago 4:6)

El orgullo es evidente cuando:

a. Tienes un espíritu independiente (rehúsas la ayuda de Dios o de otras personas).

b. No admites errores.

c. No quieres aprender cosas nuevas.

d. Tienes una actitud rebelde hacia aquellos en autoridad.

e. Tienes semblante o aspecto orgulloso.

f. Tu conversación está centrada en ti mismo.

g. No toleras los errores de los demás.

h. Tienes una actitud autoritaria.

Paso 2: *Líbrate de la ira.* (Proverbios 16:32)

La ira es evidente cuando:

a. Te encolerizas con facilidad (rabietas, a cualquier edad).

b. Reaccionas en forma airada hacia una supuesta injusticia.

c. Expresas frustración hacia circunstancias que no se pueden cambiar.

d. Gruñes, murmuras y te quejas con frecuencia.

e. Expresas una sensibilidad extrema y eres quisquilloso.

Paso 3. *Líbrate de la inmoralidad* (2 Corintios 7:1)

Un espíritu impuro es evidente cuando:

a. Tus conversaciones contienen tonos sensuales.

b. Lees materiales impuros/pornográficos.

c. Tienes una actitud impura y acciones inapropiadas hacia el sexo opuesto.

d. Deseas escuchar música que contiene lenguaje e insinuaciones sensuales.

e. Tienes una apariencia y vestimenta sensual.

f. Tienes curiosidad carnal.

Paso 4: *Líbrate de la amargura.* (Hebreos 12:15)

Un espíritu de amargura es evidente cuando:

a. Tu conversación es sarcástica y crítica.

b. No confías en la gente.

c. Te enfermas con frecuencia.

d. Te compadeces de ti mismo.

e. Tienes un semblante triste.

Estas son áreas en las cuales debemos juzgarnos a nosotros mismos para romper el poder de Satanás en nuestras vidas, para ser agradables a Dios, y para ser una luz al mundo. Esto se realizará si vivimos una vida irreprochable, entregándonos unos a otros en forma total y libre.

Somos los escuderos de Dios. Debemos llevar el escudo de cada uno, uniendo nuestra fe. Si lo cumplimos, entonces nos convertiremos en *El Gran Ejército de Dios*. Nosotros iremos hacia adelante a vencer en el poder del Espíritu Santo.

Campos blancos para la ciega

Nos necesitamos unos a otros para cumplir con el llamado de Dios en nuestras vidas. Al escribir este libro, me estoy enterando de lo que el Señor está haciendo en Europa Oriental, y me doy cuenta de que es el tiempo para que nosotros en la Iglesia de Cristo Jesús lleguemos a la "unidad de la fe". (Efesios 4:13.)

Fue de bendición para mí haber viajado a Austria al comienzo del éxodo de los alemanes orientales hacia Alemania Occidental cuando el gobierno comunista aminoró las restricciones de viaje al mundo libre. Fue bello presenciar cómo Dios abrió la Cortina de Hierro después de tanto años. Nunca había visto personas tan hambrientas de libertad. Y miles de ellos tenían hambre de Dios.

Por primera vez en más de cuarenta años, existe cierta medida de libertad de religión en muchas áreas de Europa Oriental. La Iglesia debe aprovechar esta oportunidad y entrar por las puertas que milagrosamente han sido abiertas para propagar el Evangelio.

Hace algunos años mi esposa y yo estuvimos en Hungría. Al prepararnos para ministrar en una iglesia local, tuvimos que caminar fuera del hotel hasta cerciorarnos de que no éramos perseguidos. Entonces nos apresuramos por otra calle hasta cierto lugar donde el pastor había quedado en esperarnos. Desde allí nos llevaron, secretamente, a una finca donde predicamos en una iglesia subterránea. Ahora parece que esa situación está cambiando.

Pude ver por televisión como abrían las fronteras de Hungría y observé cuando el alambre de púas fue quitado y enrollado. Ahora los visitantes pueden comprar un pedazo de alambre con una inscripción que dice: "Una porción de la Cortina de Hierro".

Lloré mientras pensaba: "Si alguna vez hubo un tiempo de llevar Biblias a esta área, es ahora".

Dios le está diciendo a la iglesia: "Aquí está tu oportunidad".

Billy Graham estuvo en Hungría durante el mes de agosto de 1989. Más de 120.000 personas se reunieron en un estadio para escucharlo predicar el Evangelio. Fue tan grande la multitud que aceptó al Señor, que fue imposible darles literatura a cada individuo, así que tomaron toda la literatura y las lanzaron a la multitud que esperaba con hambre espiritual. Los ujieres confiaron en que Dios les haría llegar la literatura a los que más la quisieran y necesitaran.

¿Te das cuenta de lo que Dios está haciendo en la tierra? Este movimiento del Espíritu Santo es aun más grande que el movimiento carismático, mayor que la Iglesia Bautista, o las Asambleas de Dios, o cualquier otra denominación o grupo eclesiástico en la tierra.

Nosotros los cristianos debemos hacer un esfuerzo colectivo. Debemos conocer nuestra unción y autoridad, nuestra tarea en Cristo, y entonces estar unidos unos con otros y con el Espíritu de Dios.

Visión en el campo

En 1977, mientras mi esposa y yo asistíamos a la escuela, yo no tenía idea del plan de Dios para mi vida, así que comencé a buscar el rostro del Señor. Vivíamos en un apartamento localizado al lado de un gran campo. Todos los días, me levantaba temprano y caminaba por ese campo, orando y buscando la dirección de Dios para mi vida. Yo no conocía a nadie que me pudiera ayudar, y no podía imaginarme cómo Dios iba a hacer para que yo entrara al ministerio.

Un día mientras caminaba por ese campo, miré en dirección a una hierba alta. Súbitamente vi caras de todas clases, formas y colores: caras blancas, amarillas, rojas, negras. Todas estaban en la hierba. Mientras contemplaba fijamente esa escena sorprendente, de repente la unción del Señor cayó sobre mí y comencé a predicar. Prediqué el mejor sermón que jamás he predicado.

Cuando terminé, hice el llamado, y la gente aceptó al Señor, fueron salvas, sanadas y libertadas. Un gran avivamiento tomó lugar en aquel campo desierto a las seis de la mañana.

Lo que pasó fue que Dios engendró un sueño, una visión en mi espíritu. Desde ese momento, supe que iba a llevar el Evangelio a todas las naciones. Yo no tenía idea de qué Dios iba a hacer para realizar esa visión; yo sólo sabía que de alguna manera Él lo haría.

Mi esposa y yo nos graduamos de la escuela. Después asistimos y nos graduamos de Rhema Bible Training Center (Centro de Entrenamiento Bíblico: Palabra Viviente) en Tulsa, Oklahoma. Después de terminar nuestros estudios bíblicos, Dios nos dirigió en forma sobrenatural a Little Rock, Arkansas, donde fuimos asociados con la Iglesia Ágape.

En 1982 comencé a ver cómo mi visión se realizaba. Empecé a hacer viajes al extranjero, donde me ponía en contacto con personas que estaban haciendo grandes cosas para Dios. Ese otoño, inauguramos a Agape School of World Evangelism (Escuela de Evangelismo Mundial Ágape). Mi sueño se estaba haciendo realidad.

Fue durante ese tiempo que el Señor me habló en I Samuel 16:21. Él me dijo que pusiera mis prioridades en orden. Supe que debía ser el escudero de mi pastor y debía estar a su lado para cumplir con la visión que Dios había puesto en su corazón.

La unción de un escudero

A fin de desarrollar el verdadero espíritu de un escudero, el primer paso es entender nuestra unción. Hemos notado que un escudero es ungido para llevar el escudo de otro a la guerra. Su llamado y deber es dar su vida por otro.

En 2 Reyes 3:11 leemos:

Mas Josafat dijo: ¿No hay aquí profeta de Jehová, para que consultemos a Jehová por medio de él? Y uno de los siervos del rey de Israel respondió y dijo: Aquí está Eliseo hijo de Safat, que servía a Elías.

Yo creo que ahora mismo hay personas que han sido fieles en "echar agua en las manos de sus Elías". Puedes estar seguro de que la unción de Dios está por caer sobre ellos. Dios está levantando todo tipo de personas, y lo que Él está buscando son aquellos que se han mostrado siervos leales, ungidos como escuderos.

La Palabra del Señor puede estar contigo, como estuvo con Eliseo, porque Dios mira el corazón. Él miró el corazón de Eliseo, y la Palabra del Señor estaba con él.

El manto de un profeta

Me pregunto, si Elías viviera hoy, ¿cuántas personas estarían en fila queriendo recibir su manto? Me parece que Elías hubiera sido bien rudo con ellos. Yo creo que él les diría: "¡Búscate tu propio manto!"

Todo creyente tiene su propia unción, su propio manto. No necesitamos codiciar el manto de otro.

Eliseo se mantuvo fiel a Elías en diferentes circunstancias. Los historiadores nos dicen que Eliseo sirvió a Elías por un promedio de quince a veinte años. Por medio de esto sabemos que Eliseo escuchó todo lo que Elías decía, y veía todo lo que él hacía, tanto bueno como malo.

Cuando el rey Acab envió sus soldados a buscar a Elías, él estaba sentado en una loma. Elías le dijo al capitán de cincuenta: "...Si yo soy varón de Dios, descienda fuego del cielo, y consúmate con tus cincuenta..." (2 Reyes 1:10). El fuego cayó, y cincuenta hombres murieron, dejando cincuenta caballos sin silla de montar que huyeron al pueblo.

¿Cómo habrías reaccionado tú si hubieras sido el asociado de Elías en ese tiempo? Seguro que hubieras pensado: "¡Qué suerte que estoy de su lado!" Te hubieras sentido orgulloso de poder decirles a todos: "Yo trabajo para Elías".

Reconociendo el lado humano de los líderes

En 1 Reyes 18:17-40, vemos otro momento en que Elías pidió fuego del cielo. Esta vez fue para consumir un sacrificio ofrecido al Señor. Todos recordamos la historia del famoso concurso en el monte Carmelo entre Elías y los profetas impíos para demostrar quién era el verdadero Dios: Jehová o Baal. Después que el Señor envió fuego del cielo y consumió el sacrificio; su profeta, Elías, tomó una espada y mató a 400 profetas de Baal.

Después de tal experiencia, uno pensaría que este hombre no le teme a nada. Pero leemos que la malvada reina Jezabel envió un mensajero amenazando la vida de Elías, él sintió temor y huyó al desierto. (2 Reyes 19:1-4.)

¿Cómo respondes tú cuando tu líder reacciona con temor, cuando tú descubres que él es tan humano como tú? Como asociado de Elías, ¿qué le hubieras dicho? Probablemente tú le hubieras gritado mientras él corría: "¡Oh, hombre de espíritu y poder, regresa!" He aquí una pregunta importante. ¿Has visto caer a tu líder? ¿Lo has visto cometer un grave error y hasta caer en pecado? ¿Cuál es tu reacción? ¿Te preparas para irte y buscar otro lugar de empleo, o estás dispuesto a ayudarlo, apoyarlo y verlo restaurado? Aquí es cuando sabemos de qué madera estamos hechos. Si hay una actitud de verdadero arrepentimiento, un hombre fiel se queda con su líder. Proverbios 11:13 dice: El que anda en chismes descubre el secreto; mas el espíritu fiel lo guarda todo". Un verdadero escudero sabe controlar su lengua en público, pero sabe hablar audazmente en oración.

Eliseo permaneció fiel a Elías, y por su fidelidad, cuando llegó el tiempo para que Elías dejara esta tierra, Eliseo pudo pedir una doble porción de su unción (2 Reyes 2:9). Elías conocía el corazón del joven que le había servido tan bien. Él le dijo a Eliseo que si él lo veía cuando dejara la tierra, entonces su petición sería concebida (v.10). Cuando Elías fue tomado, Eliseo estaba presente y vio cuando él fue llevado al cielo en un carro de fuego (v.11). El manto de Elías cayó de sus hombros a los pies de Eliseo. Fue entonces, en ese momento, que la unción se duplicó.

En estos últimos días, yo espero ver la unción de Dios sobre su pueblo en forma similar, doble o hasta triple. Pero caerá sobre aquellos que han sido fieles a sus Elías. Ya sea que veas a tu líder hacer grandes cosas, o cometer grandes errores, tú debes serle fiel.

En Apocalipsis 4:7, vemos una ilustración de los cuatro rostros de Jesús:

El primer ser viviente era semejante a un león; el segundo era semejante a un becerro; el tercero tenía rostro como de hombre; y el cuarto era semejante a un águila volando.

Un león, un becerro, un hombre y un águila. Vemos a Jesús como un león cuando está tratando con el diablo y el pecado. Lo vemos como un becerro cuando Él vino a servir a la humanidad. Lo vemos como un hombre mientras Él tenía a los niños en brazos y los bendecía. Y lo vemos como un águila mientras Él oraba, predicaba y sanaba al pueblo. En todo líder verás a un león, cuando se trata de problemas; un becerro, cuando se trata de servir al pueblo; un hombre, cuando se trata de atender las ovejas; y un águila, cuando de predicar la Palabra del Señor se trata. Pero también verás a tu líder como un hombre cuando él está herido y lastimado.

La mayoría sólo ha visto a su líder como un águila, pero tú verás a tu líder en los cuatro rostros. Tú le verás cuando él tiene menos fe y poder, cuando diga o haga algo que te ofenda, cuando las cosas están difíciles en el área financiera y tengas que cortar el presupuesto de tu departamento.

Es fácil respetar a tu pastor cuando él está bajo la unción de águila. Pero también debes respetarlo cuando los tiempos están difíciles y él está comportándose más como un hombre. Se debe respeto al líder sin importar su apariencia o cómo él se sienta.

Algunas personas tienen la idea equivocada de que aquellos que trabajan en el ministerio están sentados todo el día, orando en lenguas y profetizándose unos a otros. El ministerio, sin embargo, es *trabajo, trabajo* y *más trabajo*. Requiere la habilidad de trabajar con otras personas sin ofender u ofenderse. El verdadero escudero es aquel que ve el lado humano de su líder y mantiene una actitud de respeto hacia él.

Reconociendo el derecho de autoridad divina

La segunda área que debemos comprender para ser verdaderos escuderos es el derecho de autoridad divina. Debemos saber, reconocer y rendir nuestras vidas a la autoridad divina y orar diariamente: "Padre no sea mi voluntad sino la tuya". Debemos decidir en nuestro corazón mantenernos en la voluntad de Dios a toda costa y sin importar las consecuencias.

Cuando miramos a Jesús, podríamos pensar que porque Él era el Hijo de Dios, no tuvo dificultad en hacer la voluntad de Dios en su vida. Veamos en Hebreos 5:7,8 para comprobar si esto es cierto:

> Y Cristo, en los días de su carne, ofreciendo ruegos y súplicas con gran clamor y lágrimas al que le podía librar de la muerte, fue oído a causa de su temor reverente. Y aunque era Hijo, por lo que padeció aprendió la obediencia.

Vemos a Jesús en "gran clamor y lágrimas" delante del padre, aun así escogió permanecer en la voluntad de Dios para su vida y orando para cumplir el llamado divino que estaba sobre Él.

Cueste lo que cueste, estés contento o triste, comprométete a cumplir el plan de Dios para tu vida.

Hace varios años el Señor me dijo algo que me ha ayudado en los tiempos malos. Él dijo: "Mantén tu vista en la resurrección y podrás sobrellevar la cruz". La cruz no es una carga; es el llamado de Dios en nuestras vidas. Si es la voluntad de Dios que permanezcas en el mismo lugar por el resto de tu vida para entregar tu vida a otros, entonces que se haga la voluntad de Dios.

"Dando a luz" a la voluntad de Dios

Un día estuve pensando acerca de lo que Dios ha puesto en mi corazón que haga para Él. Yo tengo un deseo divino de establecer iglesias y escuelas bíblicas en todas las naciones del mundo. Una vez le pregunté al Señor: "Padre, ¿cómo se realizará esta visión?"

Él me dijo: "Hijo, tú tendrás que hacerla realidad a través de la intimidad, embarazo, dolor de parto y nacimiento".

Los nacimientos espirituales toman lugar igual que los nacimientos naturales. Para poder traer algo del reino espiritual al reino terrenal, tenemos que tener intimidad con Dios. De esa intimidad viene el embarazo. Del embarazo, vendrán dolores de parto, entonces, finalmente el nacimiento.

Debemos dar a luz al cumplimiento de la voluntad de Dios en nuestras vidas. El cumplimiento de la visión divina no caerá del cielo. Debemos acercarnos a Dios, y entonces Él se acercará a nosotros. (Santiago 4:8.)

Algunas de las personas más infelices en el mundo, son las mujeres que se han pasado de tiempo para dar a luz. De igual manera, algunos de los cristianos más infelices en el mundo, son aquellos que están "embarazados" con una visión divina, y aún no han podido dar a luz a esa visión. Pero la intimidad con Dios debe tomar lugar primero, antes de que pueda haber embarazo.

Yo creo que el Espíritu Santo está hablando hoy las palabras de Oseas 10:12 al cuerpo de Cristo:

> *Sembrad para vosotros en justicia, segad para vosotros en misericordia; haced para vosotros barbecho; porque es el tiempo de buscar a Jehová, hasta que venga y os enseñe justicia.*

Para llegar a la intimidad con el Señor, debemos buscarle de todo corazón.

Una vez que hayamos desarrollado una relación íntima con Dios, seremos embarazados con un sueño o una visión que ha sido implantada en nosotros por el Señor. Entonces debemos tomar esa visión que fue implantada en nosotros por Dios en forma sobrenatural y comenzar a cuidarla y nutrirla, causando así su crecimiento y desarrollo. Tarde o temprano seremos guiados a dolores de parto, sin los cuales no hay nacimiento. Ese dolor es nuestra intercesión.

En Isaías 40:3 Dios habla de:

Voz que clama en el desierto: Preparad camino a Jehová; enderezad calzada en la soledad a nuestro Dios.

Juan el Bautista fue el precursor de Jesús. Él preparó el camino para la primera venida de Jesús. Tú y yo estamos preparando el camino para su Segunda Venida.

Un día el Señor me reveló la Escritura de Isaías 40:3 de esta manera: "La voz de aquel que clama en Little Rock, Arkansas, preparad el camino al Señor, enderezad calzada en Little Rock a nuestro Dios".

Nuestra intercesión es como si estuviéramos construyéndole un camino al Señor. Tenemos que hacer el trabajo primero, y entonces Dios mandará su gloria. Si somos pacientes y fieles, si seguimos el proceso de intimidad, embarazo, dolores de parto y nacimiento, nuestros sueños y visiones se harán realidad.

Siguiendo la carrera predeterminada por Dios

Habiendo sido predestinados conforme al propósito del que hace todas las cosas según el designio de su voluntad.

Efesios 1:1

La palabra "predestinado" en este verso se traduce "predeterminado". Dios tiene una carrera predeterminada, predesignada para tu vida. Esa carrera estaba trazada antes que cualquiera de nosotros hubiera nacido.

El Señor nos dice a cada uno:

Antes que te formase en el vientre te conocí.

Jeremías 1:5

Dios nos conocía antes de la fundación del mundo, y Él trazó una carrera individual para que cada uno de nosotros la siguiera. Ahora nuestra responsabilidad es descubrir la carrera de Dios para nosotros y seguirla para que así podamos espiritualmente, dar a luz a los sueños y visiones que Él ha planeado para nosotros antes que el mundo fuera creado.

Yo sé que, en este momento, soy llamado a ser el escudero de mi pastor. Y porque estoy dispuesto a quedarme en la voluntad de Dios, todas las promesas en la Palabra de Dios pueden cumplirse en mi vida.

El apóstol Pablo dijo:

He peleado la buena batalla, he acabado la carrera..

2 Timoteo 4:7

Pablo luchó por mantenerse en la carrera, y tuvo éxito. Él terminó la carrera trazada por Dios para su vida.

Descubre cuál es tu carrera, y entonces permanece en ella y nunca te des por vencido hasta que hayas llegado al destino y meta que Dios ha ordenado para tu vida.

Comprendiendo nuestra tarea y agradeciendo nuestros dones

El último paso de importancia que debemos tomar es aprender y comprender nuestra tarea divina. El cumplimiento de nuestra tarea depende del uso apropiado de los dones que Dios nos ha dado.

Todos los años mi familia se reúne en Nochebuena. Como mi familia es muy grande, nos reunimos antes de Navidad para escoger el nombre de la persona a la que le vamos a comprar regalos. Una Navidad, mientras repartíamos los regalos, noté que mi hermano gemelo recibió dos regalos. Por error pusieron su nombre en dos regalos diferentes. Cuando yo abrí mi regalo, me sentí decepcionado con lo que me regalaron. Miré a mi hermano gemelo y él se estaba riendo porque él recibió dos regalos bonitos. Viendo mi expresión de tristeza, mi esposa trató de consolarme.

"No te preocupes, Terry", me dijo, "cuando lleguemos a casa lo intercambiamos por algo que te guste más".

Por esta razón hay muchas personas por la iglesia diciendo que son apóstol, o profeta, o maestro. Muchas veces lo que ellos están haciendo es "intercambiando dones", porque no les gusta el don espiritual que Dios les ha dado.

Debemos reconocer que no tuvimos nada que ver con el don que Dios ha puesto dentro de cada uno de nosotros. Él otorga dones de acuerdo a su voluntad, y debemos recibir esos dones y permitir que el Señor añada más dones" según su voluntad" (I Corintios 12:11).

*Mas ahora Dios ha colocado los miembros cada
uno de ellos en el cuerpo, como él quiso.*

I Corintios 12:18

Mientras somos fieles en lo poco, Dios nos pondrá
sobre mucho (Mateo 25:21). Mientras permanezcamos
en la tarea y con los dones que Dios nos ha dado, Él
llevará nuestros dones ante personas de renombre.

Recuerdo una vez mientras asistía a la escuela bíblica, vi a un compañero entrar a la clase muy bien vestido.
Esto era extraño porque él siempre vestía pantalones de
mezclilla.

Cuando le pregunté por qué estaba tan bien vestido,
él contestó: "Porque "los grandes" de la oficina principal
nos visitan hoy; manténte a mi lado y te los presentaré".
Me enojé tanto que me fui a mi habitación y le dije al
Señor que si era así como funcionaba el ministerio,
entonces que no contara conmigo. Ese día el Señor me
dijo claramente: "Hijo, ¿no te has dado cuenta de que has
sido presentado al Único Grande?"

Eso es cierto. Nadie es más grande que Dios. Permanece en tu tarea; y a su debido tiempo el Señor te exaltará.

Yo pasé por un tiempo en que Dios comenzó a hacer
muchas cosas en mi vida. Durante ese tiempo muchos de
mis sueños y visiones se manifestaron y se cumplieron.
De igual manera, durante ese tiempo, comencé a tener
más problemas y enfrentamientos que nunca antes en mi
vida. Como director de nuestra escuela bíblica y de
misiones, comencé a sentirme como un bombero; tan
pronto apagaba un "fuego", de repente otro se encendía
en otro lugar. Parecía que todo lo hacía mal.

Por un lado, Dios estaba haciendo cosas grandes, pero por otro lado me sentía cansado y desanimado. En ese tiempo pensé: "Dejaré que mi esposa (que es la administradora de la escuela) se encargue del trabajo; y yo me iré al campo misionero donde el trabajo es divertido y sólo le enviaré fotografías y postales".

En mi mente, yo estaba dispuesto a hacerlo, pero mientras oraba, vi una visión de David en mi espíritu cuando él era ungido por Samuel. Vi como el aceite corría por su cabeza mientras era ungido rey de Israel. En ese momento, el Señor me hizo una pregunta: "¿Qué hizo David después que fue ungido como rey?" Lo pensé por un momento y contesté: "Él regresó a apacentar las ovejas de su padre en el desierto".

El Señor me dijo: "Si en ese momento David hubiera salido a buscar un gigante para matarlo, el león y el oso se hubieran comido el rebaño. Esa escuela es tu rebaño, así que ocúpate de ella".

"Sí Señor", le dije: "Todo está claro".

Aunque seamos pastor, pastor asociado, director de música o laico, cada uno de nosotros tiene su rebaño. Ese rebaño de David era la tarea que Dios le había asignado, y él lo sabía, aunque él había sido ungido rey de Israel, su prioridad era continuar con la tarea que tenía a la mano.

Verás, los gigantes vendrán. Pero, si te quedas con tu tarea, cuando llegue el momento encontrarás al gigante y lo vencerás de la misma manera que David encontró y venció al suyo. Como David, tú serás exaltado, *después* que hayas sido fiel.

Personalmente, yo sabía que si no dedicaba el tiempo necesario a los estudiantes que están bajo mi cuidado, no podía esperar que ellos cooperaran conmigo en el campo misionero.

Tú mirarás tu condición y posición presente y pensarás cómo es posible que Dios te usara. Quizás pienses: "Yo no soy la persona encargada, así que siempre tendré que estar sujeto a otra persona. ¿Cómo podré realizar mis sueños y visiones?" Quédate tranquilo y date cuenta de que la Palabra de Dios no fue dirigida sólo a los líderes. Fue escrita para el cuerpo de Cristo, y eso te incluye a ti —exactamente donde estás hoy.

La misión de la Iglesia en los últimos días

Recientemente cuando me encontraba en Austria estuve hablando con un pastor de ese país. Él compartió algo conmigo que fue de gran bendición para mí.

En 1987, cuando estuve en ese país, yo tenía que dirigir una conferencia bíblica. Tuve una lucha conmigo mismo sobre lo que iba a enseñar. El día antes de la conferencia me levanté temprano y le dije al Señor:

"¿Padre, qué quieres que enseñe?" Yo no había consultado con Él para recibir su dirección.

El Señor dijo: "Predica acerca del patrón de la Iglesia del Nuevo Testamento".

Comencé a leer el libro de los Hechos para descubrir cuál era el patrón. El tema de todos los mensajes que recibí fue: "Si vamos a ganar a Austria para Dios, entonces tiene que ser a través de la iglesia local".

Entonces me di cuenta de lo que Dios decía: "Hoy es el día de la iglesia local en Austria". Yo creo que esto es para todos.

Este pastor de Austria me dijo que como resultado de esa conferencia, cuatro iglesias locales fueron establecidas en cuatro áreas diferentes. Me sentía tan bendecido y emocionado de que Dios me hubiera usado para despertar a una nación. Esto sucedió porque fui obediente y enseñé lo que Él quería que enseñara.

En 1989, establecimos la primera escuela bíblica en la historia de esa nación europea. He encontrado que Dios es fiel a nosotros si nos proponemos caminar en la unción que Él nos ha dado, si nos sometemos a su autoridad divina, y si cumplimos la tarea que Él nos ha asignado. Debes entender todas estas áreas para ser un escudero.

Nuestra generación pudiera ser la que se encuentre en el aire con Jesús. Es el tiempo de reevaluar nuestras vidas, nuestros ministerios, asegurarnos de que estamos donde debemos estar y haciendo lo que debemos hacer. A Satanás no le importa que edifiquemos nuestros sueños y visiones, mientras él sea el contratista. Si lo que estamos haciendo no es del Espíritu y no es dirigido por Él, cualquier cosa que edifiquemos caerá (Salmos 127:1). Satanás permitirá que edifiquemos, asegurándose de que manchemos el nombre de Dios, para que cuando fracasemos parezca que Dios tuvo la culpa.

Cuando salgamos a edificar el Reino, debemos estar seguros de que Dios está apoyando ciento por ciento lo que estamos haciendo.

El espíritu de un escudero es el Espíritu de Cristo. Este es el día en que debemos ver a los hijos de Dios tomando el escudo de otros dispuestos a cargarlos parar la batalla. Tenemos una visión y un mandato de Dios: alcanzar nuestra generación. Esto se cumplirá cuando desarrollemos el espíritu de un escudero y verdaderamente demos nuestra vida por otros.

¡Los escuderos de hoy serán
los líderes del mañana!